낙관

김연동 시집

시인동네 시인선 086

김연동 시집

낙관

시인동네

시인의 말

영혼을 벌목 당한 채
장대 끝에 걸리는 것 같다.

폐부를 찌르는 감동과
여운의 깃발을 들고
푸른 초원을 달리고 싶었지만
반전 없는 결실로
우울한 날이 많다.

날이 저문다.

바람에 흔들리는 황혼이
이마에 걸렸다.

과녁에 꽂혀 바르르 떠는
몇 개의 화살…….

2018년 1월
김연동

차례

제2부

제3부

제4부

제5부

제1부

앉은뱅이꽃

여리고 작은 꽃이 시위하듯 피고 있다
흐린 하늘 한 모서리 깨끗이 닦고 싶어
궐기한 사람들처럼
무리 지어 피나 보다

저만치 비켜서서 혼자서 피는 꽃도
먼 듯 가까운 듯 저 꽃 속 꽃이 되어
서로가 젖어 우는 날
꿈꾸고 있나 보다

늪과 바람

등 꺼진 한숨 소리 거품으로 떠오른다

물풀의 초록 미소 뜨다가 갈앉다가

바람이 바람을 밀어

피다 만 꽃이 진다.

가시연 부레옥잠 꽃눈 트는 시간에도

눈 멀건 장님 되어 수렁으로 가는 맨발

용케도 추슬러 온 불신

꽃씨처럼 여문다.

은빛 와온

이내 겨울이 오면 처방전이 바뀌겠지 까닭 없는 슬픔에도 익숙해진 이마 위로 찬 계절 채비를 하듯 여우비가 지나간다

파도가 밀고 오는 꼬였던 발자국들, 그 흔적 쓸어주던 늦은 가을볕이 등 굽은 어깨를 치며 단풍 진다 서두르네

뉘 모를 보푸라기 다독이는 아내에게 바람에 구겨진 옷 다림질만 시켰구나 아픔을 혼자서 삭인 그 눈물을 몰랐구나

빗금 친 시린 날들 허전한 삶의 뒤끝, 몸보다 마음의 병 깊어가는 시간 앞에 내 은발 기대선 와온 노을빛도 은빛이네

---

*와온: 순천만의 아늑하고 아름다운 어촌 마을.

우륵

꽃무늬 파문 같은 그 음계를 짚어보네

아무 말 하지 않아도 들꽃은 피어 지고

그 누구 전언 없이도 하늘빛 담은 낙강

여기 와 가슴 열고 한나절쯤 젖어보라

허기도 허망함도 두 볼에서 거둬 가는

십이 현 열두 곡조가 덩더꿍 일어서리

심금을 울려주던 가락도 가락이지만

갈라진 흰옷 자락 여민 앞섶 다독이던

다시 또 천년을 흐를 그리운 이름 하나

시든 꽃

아흔넷 시린 생이
만장처럼
걸려 있는

병상을
돌아 나와
아린 눈물
훔칩니다

함부로
말할 수 없는

시든 꽃
우리 엄마

아우슈비츠

나는 어찌하여 저 참혹한 죽음 앞에서

서대문 형무소의 피 묻은 백의를 보나

이민족 주검을 베던

일본도 날빛을 보나

유대인 심장을 찔러 피로 물들였던

주머니 속 송곳 같던 이 지상 이웃 앞에

민들레 하얀 민들레

화해하듯 피어 있다

서설(瑞雪)

첼로의 저음처럼 흰 눈이 내려온다

어린 별 손을 모은 광화문 광장 위에

끓는 피 냉엄한 불빛 하나로 엮고 있다

어둠을 태우려고 어둠을 켜든 촛불

내 안과 바깥 소리 지면에 풀어놓고

설레는 포도 위 맨발 마중물이 되고 있다

낙엽처럼 흩어지던 차가운 이마들을

눈으로 덮어주는 기막힌 희망들이

누구도 흔들 수 없는 큰 바다로 가고 있다

삶의 속장

서녘 강 빨래터에 기도문 중얼거리며
수의 지을 명주 필(匹)을 헹구는 아낙처럼
다 닳은 그리움들을
해종일 치대보네

어울리다 휩쓸리다 무너진 사초(史草) 위에

누군가 등 돌리고 못 박던 비루함도

두드려 씻어 보지만 지울 수가 없구나

제물로 쌓아 올린 소문의 밑동까지
도마에 올려놓고 재단하는 저 눈빛들

위장한 몸짓이었나

온몸에 소름이다

두나강*

겔레르뜨 언덕 아래 몰려드는 이방인들

자유의 다리 위에 넋 놓은 어깨 위로

평화에 낙관을 치듯

비둘기가 돌다 간다

총탄에 쓰러져도 울지 못한 그날들을

씻은 듯 지우고 가는 유람선에 올랐지만,

내 안에 철망을 두른

임진강이 아프구나

---

*도나우강의 헝가리어.

악의 도시

푸념하다 한숨짓다 등날이 휘어지고

때 없이 오금 저린 무구한 사람들이

치명적 피를 흘려도

그 자리는 견고한가

천길 벼랑 끝에 뿌리내린 산죽처럼

바람 앞에 드러눕다 일어서는 청대처럼

휘다가 흔들거리다

낭창낭창 누리는가

이름

해묵은 먼지를 털고
찌든 때를
닦아낸다

바람 들어
금 간 자국
틈새를
메워보지만

채워도
채워지지 않는

중병이 된
이 가난

한 장 경전(經典)

어두운 길에 선 듯 문득 소름 돋는
오래된 유골과의 소슬한 재회였다
잊힌 듯, 잊히지 않는
핏줄 붉은 아버지

꿈에서도 아리다던 식민의 못 자국이,
모서리 닳아버린 조국이란 조약돌이
드리운 그늘의 시간
유품인가 당신은

생전의 정신처럼 더없이 맑은 하늘
구천(九泉)이 거기 있어 영혼이 머문다면
앞섶에 물망장(勿忘章) 구절
새겨주고 가시리라

귀를 기울여도 이명만 일어날 뿐,

삶과 죽음의 경계 눈을 열고 오는 소리

서늘한 낙엽이 한 장
경전으로 내린다

*같은 땅, 같은 나라임에도 국명이 세 번이나 바뀐 기막힌 시대를 살다 가신 아버지, 그 선친의 유골을 수습하여 이장하였다. 뼈와 영혼과의 소슬한 만남이었다.

염전

가만히 받아든 건 물과 햇빛 바람이다

노동의 몸짓으로 맺힌 살을 풀어내듯

서슬이 시퍼런 삽질

허공에 빗금 친다

햇살에 여물다가 해풍과 헝클리고

부딪치고 깨어지며 서릿발로 일어서는

질펀한 생명의 제의

쓸쓸한 신앙이다

제2부

바람꽃 언덕

1

바람이 부는 언덕 허기 같은 꽃이 피네 서풍에 흔들리고 동풍에 휘둘리다 터지고 덧난 상처를 누가 울어 치유할까

더운 피 어린 꿈도 안고 가야 하는 시간, 금이 간 가슴 위에 아픔만 더해지고 믿음이 눈감은 거리 미움으로 끓고 있네

2

굵은 회오리가 질정 없이 온다 해도 말 없는 풀무질로 시우쇠 녹여내고 벼린 날 담금질하는 바람꽃이 피고 있네

천년의 기침 소리

천년의 기침 소리 귀청을 두드린다
낯선 손님 맞듯 눈인사만 나누어도
그 체취 옷깃에 남아
침향처럼 번지나니

향내 남은 자리마다 결 고운 무늬 지고
신경 올 마디마디 꽃망울 트는 격조(格調)
천년이 다시 흘러도
목숨 끝은 환하리라

강굽이 에굽은 골목 웃음과 넋두리로

혹은 살 베이는 아픔이면 또 어떠리

조아려 섬겨온 삼장(三章)
쟁쟁(琤琤)한 기침 소리

오월 고뿔

뻐꾹새 울음 족족 꽃망울을 터트려서

눈부신 물감으로 수채화를 치는 시간

내 어찌 고뿔을 달고 재채기만 하고 있나

북카페
—동짓달 기나긴 밤을

서권기(書卷氣)로 훈제하듯 익어가는 시간이다

빛의 미립자들 풀잎에 휘감기는

그 향내 가득한 이 밤

푸른 서슬 형형하다

오래된 책갈피에 낯익은 꽃일망정

맑은 영혼 한 줄 베어낸 긴긴 밤을

굴렁쇠 굴리고 가며

젖어 있고 싶구나

갈치

엄마 앞 접시에는 대가리만 놓여 있다

'이것도 다 드이소', 생색내듯 드렸더니

'누구는 좋아 먹는 줄 아나
살 깊은 맛
나도 안다'

입맛에 맞으셔서 드신다고 생각했던

철부지 그 상머리 부끄러움 아직 남아

목구멍 걸린 갈치 뼈
이리 오래 아리다

타임스퀘어

열기로 끓고 있는 맨해튼의 밤이 깊다
휘황한 불빛 감긴 희멀건 눈빛들이
시간을 풀어버리고
괴물처럼 끈적인다

마약한 사람처럼 히죽이던 이국 하늘
밤 깊은 포도 위로 허기가 밀려와서
달러를 꺼내보지만
시늉말도 지쳤다

우리네 큰 바위 얼굴 삼성, 현대 엘지,
저 현란한 자존심을 다시 또 쳐다보며
배고픔 잊어버린 채
마냥 바라 앉았다

힐링
—나이야 가라

주름의 밑바닥까지
사라지는
순간이다

꽂히고
일어서는
회춘의 봄꿈인가

나이야,
나이야 가라
눈감으면
나락이다

낡아 가는 길

풀잎도 시들어버린
굽은 내리막길

구부정한
등허리를
펴도 다시 휘어지네

풀어낼
향기도 없이
마냥 낡아 가나 보다

을(乙)

눈물을 흘리다가
눈웃음을
짓다가

가면 쓴
을(乙)이 되어
다투어
손 내민다

분탕질
진흙탕 싸움
꼭꼭 눌러
없앨 거야

만장 바다
—섬

눈이 짓무르도록 바라보고 섰습니다

돌로 천년 기다리는 박제상 아내처럼

사무쳐 자지러지고

눈감는다 하더라도,

밤새워 지쳐가서 부서지는 파도같이

가다가 발치쯤에 스러지고 만다 해도

그리움

만장 바다를

사려 접고 있습니다

마른 밥

연출은 끝이 나고
무대를
내려왔다

채찍을
후려치듯
등 때리는
박수 소리

셔터를
내려야 하나

마른 밥을
삼킨다

출항

동전 지전 다 긁어 정성으로 배를 모아 깃발을 높이 달고 먼 바닷길 올랐지만
제 잘난 사공이 많아 이물이 요동친다

걸신 든 잡귀같이 목구멍만 챙기는 이 시도 때도 없이 대장질에 목숨 건 자 한 치 앞 보지 못하고 분간 없이 설쳐댄다

살 에는 거친 바람, 삼킬 듯한 너울 앞에 번번이 키를 놓친 고독한 선장님은 웃자란 불신의 빙벽 손 놓고 계시는지

다 닳은 손발톱 밑 피로 튼 이 항해길 선체가 가랑잎처럼 흔들리고 있나니 기막힌 이 한 고비를 누가 있어 풀어 갈까

정선 오일장

내 무딘 시간 위에
산빛 물빛
장이 섰다

비늘처럼
돋아나는

파란
생(生)의 무늬

곤드레,
올챙이국수

삶의 소리
듣고 있다

낙관(落款)

아니야, 그건 아니야 설치고 흔들지 마
한세상 마감하듯 굿판을 벌였다고
때 없이 설레발치는
분별없는 손들 봐

무수히 덧칠하는 어제와 오늘 위에
마음 가지런히 낙관할 그림 한 폭
아니야, 이건 아니야
다시 붓을 잡는 거야

골백번 넘어지고 뭉개져도 일어서던
부침의 아린 날들 안고 갈 내일 위해
깨끗한 손을 맞잡고
밑그림을 치는 거야

제3부

하동역

삼엄한 입영열차 가림막 틈 사이로 반기듯 다가오는 낯익은 철로 변에 해맑은 코스모스가 전송하듯 흔들었다

팔월 그 뜨겁던 날 태극기 든 어머니가 재 넘어 시오리를 허둥지둥 달려 나와 애절히 아들을 찾던 눈물 고인 하동역

흰 모시 치마 적삼 눈에 띄게 다려 입고 '우리 아들 어디 있소' 이리저리 뛰다니다 신발도 벗겨져 버린 버선발이 아팠다

분단의 앙금 같은 어두운 창을 열고 얼굴을 내보이며 손 흔들 수 있었다면……,
어머니 눈물로 뿌린 기적 소리 듣고 있다

늦은 꽃

성근 버들가지
목마른
잎이 진다

내 가난
몇 잎사귀
은 접시에
받쳐 들면

햇살에
여문 생각들
늦은 꽃을
피울까

동토 시편
—브르노에서 아우슈비츠 가는 길

지금은 해빙의 땅, 평원을 건너간다
닫힌 생각들이 이 길에서 풀어지고
얽어맨 이념의 고삐
이 길 위에 끊었던가

푸른 희망 같은 프라하 산록을 따라
분홍빛 지붕으로 치장하고 덧칠하며
꿈꾸는 그들의 미래
새파란 시편이다

지존의 얼굴처럼 환한 거리 위에
넉넉한 걸음걸이 느긋한 눈빛으로
천천히 시간을 걷는
느린 미학 읽고 간다

식사
—자코파네*

우리는 그들 보고
그들은 우릴 보고,
삶은 다 그런 거라
그냥 그리 사는 거라
옆 사람 흘금거리며
감자밥을 먹었다

나는 우리말로
그들은 그네 말로
코도 대어보다가
멋쩍어서 웃다가
조급증 날려버리고
쉬다 가는 거란다

---

*자코파네: 폴란드에 있는 관광지로 '영혼의 휴양지'라 불린다.

만어사(萬魚寺)

환한 부처 마음 심해까지 미쳤을까

물개 떼 바다표범 다투어 몰려와서

죽어도 죽지 않은 삶

그 길을 열고 있네

가파른 산비탈에 물굽이 일어서고

만어(萬魚)는 보살되고 물이랑은 경전되어

말 없는 만어(滿語)의 바다

너덜겅 극락이네,

바다

바람이 일 때마다 파도로 받아넘기고

강물도 실개천도 소리 죽여 품어주는

저 바다 맨 처음 몸짓 그대로일 뿐이네

시린 가슴 위에 물새 안아 추스르며

사랑의 다리 되다가 비정의 표정 짓다가,

서늘히 출렁거리는 아직도 그 짓이네

만용
—만선산*

정강이뼈 곧추세워 정 하나 꼬나들고

제 뼈를 깎아내듯 바윗길을 뚫었다는,

신의 뜻 거슬린 만용

그 죗값 얼마인가

축지법 경공법으로 날아온 사람들이

절벽에 몸을 숨겨 경전 읽던 신선들을

우우우 토끼몰이 하듯

희롱하고 있구나

---

*중국 태항산맥에 있는 만인의 신선이 산다는 만선산 절벽을 1975년부터 5년 동안 13인이 정 하나로 도전하여 1250m의 터널을 뚫었는데 지금은 관광 명소가 됨.

여운
—크라카우 광장*

하오의 잿빛 하늘 피 젖은 나팔 소리
적의의 화살 앞에 뚝— 하고 끊어진다
광장을 가던 발걸음
한순간 멈춰 선다

조국의 제단 위에 소지(燒紙)하듯 올린 연주
붉은 심장 한 조각이 동백꽃처럼 떨어진다
그 소리, 피 부른 곡조 누굴 위한 노래였나

무리의 군중들이 쳐다보는 첨탑 위에
그 죽음 위로하듯 비둘기 내려앉아
끊어진 마지막 소절
구구구 잇고 있다

---

*크라카우 광장: 유럽 최대의 폴란드의 중앙광장으로 사방이 이백 미터라고 한다. 적의 침입을 알리던 나팔수가 연주 도중 화살을 맞고 쓰러진 것을 기억하려는 듯 매일 재연하고 있는데 이를 구경하기 위한 세계의 관광객이 구름처럼 모여들고 있다.

남강
—유등

청사의 곳간 속에 지우고픈 흔적들이
이 땅 여기저기 운석처럼 박혀 있는
피비린 왜구의 잔영
소지(燒紙)하듯 올립니다

어둠이 어둠을 낳은 일제의 시린 칼날
뼈마디에 새겨놓은 그 자국 떠올라서
못을 친 아린 계절들
그도 접어 넣습니다

파란 물 다시 차서 요동치는 강물 위에
이 겨레 다툼 푸는 한 획의 불빛으로
물길을 환히 열고 갈
등 하나를 띄웁니다

슬하(膝下)

큰 바위 얼굴처럼 거실 벽 걸어놓은

까만 눈 반짝이며 깃 터는 봄 병아리

가만히 들여다보면

콧날 시큰 해온다

낙엽만 떨어져도 쓸쓸함이 몰려오고

바람이 앞장서는 현관을 들어서면

우르르 달려 나와서

안길 것만 같구나

팔부 능선
—단풍

나를
흔들지 말고
가만히 지켜보게

팔부 능선
타고 넘는
한 생의
부신 절정,

마지막
떨리는 고비

내려놓는
순간을

한일(閑日)

창밖 먼 산기슭에 정자 터 하나 잡아
결 고운 돌을 골라 주춧돌 다듬다가
푸른빛 부끄러워서 솔가지로 가린다

등 시린 친구를 찾아 지팡이도 나눠 갖고
부모님 휘일에는 무릎 꿇고 조아리며
서러운 형제를 불러 가슴 열어 보여야지

행랑 자리 어림하던 먼 산 해 질 무렵
아이들 벗어놓은 꽃신 꺼내 보다가
눈썹에 묻은 노을을 손등으로 닦아낸다

툇마루

봄 한 날 또 간다고 뻐꾸기는 울어쌓고

세상이 하 수상타 사람들은 수군대고

늙은이 귀밑머리만 모시처럼 세고 있다

까치밥

송백 아닌 홍시라니
찬 눈도
이불 같다

처마 밑
사랑의 밀어
눈 속인들
식으리야

서늘한
한국의 서정

상감하는
하늘이여

제4부

신전

회색 끄나풀에 결박당한 그날부터

저승 문 앞에 선 듯 아린 시간 걸어왔네

골목길 먹이를 좇아

킁킁대는 짐승처럼,

그 아픔 딛고 서는 눈물이 진주던가

시든 푸성귀처럼 풀죽은 손끝이지만

신전에 꽃을 드리듯

눈물 바쳐 올리련다

난장

길목을 지켜 서서 드잡이하는 무리,
온갖 잡귀들이 물고 뜯는 악다구니라
한바탕 굿판이라도
벌이다가 가야겠다

뜰 앞의 꽃을 봐도 꽃 같지 않은 계절
살얼음판 걸어가던 지친 얼굴들은
차라리 허기 달래던
그 시절이 그립다네

등 꺼진 허리 위로 감겨드는 어둠자락
울래야 울 수도 없어 쓴웃음만 날리다가
이 난장 끝나기만을
눈을 감고 기다린다

흔적

화면 속 기울어지는 세월호를 보았다 등용문 쳐다보며 문경새재 건던 그날 생명 끈 놓쳐버리고 모로 눕는 팽목항을,

감감한 수면 아래 차가운 파도 위에 목숨줄 감아쥐고 쥐어짜던 초침 소리 전신을 옥죄어 와도 눈만 깜빡거렸을 뿐,

유민이가 남기고 간 물 젖은 지폐 몇 장 그 눈물 닦아내면 아픔도 지워질까 가슴에 음각한 어둠 누구라 불 밝힐까

희망

꿈꾸는 연인끼리
손짓하는
이웃끼리

따뜻한
눈빛 나누면
환한
꽃이 피고

가슴은
꽃밭이 되어
은유의
별밭 되리

거울 앞에서

립스틱 속눈썹으로
위장한
길을 돌아

연어처럼 회귀하는
늙은
창녀처럼

가리고
보탤 것 없이

주름만
남은 민낯

삭제

문득 생각이 나서 전화를 걸었다

'없는 번호입니다. 확인 후 다시……'

산수(傘壽)를 넘기신 연치
무슨 까닭 있는 걸까

한동안 무심해도 헤아려 짚으시고,

바람이 부는 날엔 대숲을 보라시며

사는 게 전쟁이라고
훈수 두곤 하셨는데,

마른 가지 끝의 그 고독 힘에 부쳐

세속에 빗장 걸듯 이웃도 내리시고

한 마리 산새가 되어
문을 닫고 가신 걸까

겨울 광화문

대는 속을 비워
바람을 견뎌내고

몸을 흔들어서
부러지지 않는다지만

나는 왜
계절풍 앞에
움츠리고
있는가

우럭젓국

살은 발라내어
어른과 애들 주고

젓국물 휘휘 저어
건져 든
꽁지 하나

"참맛은
여기 다 있네"

웃음 짓던
우리 엄마

갈채(喝采)

강둑이 무너진 듯 밀려오는 저 불길,
순백의 몸짓으로 걷은 팔 내지르며
불신을 태우는 밤은 그 누구의 연출일까

무거운 신발 끌고 길을 나선 한숨 소리
굽 높은 해일이 되어 광장으로 몰려와도
저 청동 녹 슬은 매듭 풀릴 기미 없나니

시린 손 마주잡은 촛불을 갈채 삼아
등을 두드리고 눈물 자국 닦아주는
속 비운 대숲이 되어 일어서고 있구나

원시(遠視)

쓰면 불편하고 벗으면 침침하다

살아온 길보다도 굴곡진 남은 길에

두려움 씻어내듯이

안경알을 닦고 있다

월척

팥소 든 붕어빵이
노릇노릇
굽히는 동안

비늘
번뜩거리는
월척 시편
기다린다

"여기요, 천원입니다"

따끈따끈한
시 세 편

신 역마
—화개

체 장수 드나들던 옥화네 주막집도
세월에 떠밀려서 새 장터 문을 열고
성기가 뽑아 올리는 남도창에 장이 선다

길손에 둘러싸인 계연이네 좌판에는
고사리 산나물에 미소는 덤이라고
작설차 새순이 피듯
홍정들이 부산하다

세상이 다 변한들 이곳 민심 변할까만
못 믿을 인심이라 들었다가 놓았다가
화개천
은어 떼 솟듯
사투리가 튀고 있다

---

*옥화, 성기, 체 장수, 계연: 김동리 소설 『역마』의 등장인물.

특무상사

—주산지* 장송(長松)

송진을 긁어내던
빗살무늬
칼자국들

덧이 난 상처 위에
허기가
엉겨 붙은

빛나는
계급장이다

훈장보다
무겁다

---

*주산지: 경북 청송군 주왕산에 있는 저수지 이름.

강, 꽃물 들다
—섬진강

핏물 얼룩진 자리 산다화 꽃이 진다 가슴 아린 상흔들은 수면 아래 내려놓고 말끔히 지워버린 듯 물빛 저리 푸르다

지리산 자락마다 백운산 골짝마다 허기처럼 일어나던 상잔의 붉은 발톱 아직도 풀지 못하는 물무늬를 짚어본다

칠십 리 강기슭엔 그 아픔도 아문 듯 도란도란 삶의 소리 매화꽃을 피워내고
산수유 노란 꽃들을 속내인 양 받쳐 든다

장사도 편지

처마 끝 지등 달듯 동백이 피다 지고

환한 수국 이어 피는 꽃의 섬 숲의 나라

동박새 조잘거리는

늘 푸른 새들 나라

분교장 유리창에 흐릿하게 남은 이름

만 갈래 가는 길을 몸짓으로 일러주던

갈맷빛 해인(海印)의 바다

가슴 시린 파도 소리

제5부

심검

달빛을 베어내고 별빛도 도려내는

한 자루 서슬 푸른 보검을 갖고 싶다

바람에 날을 벼리는

범접 못할

검 한 자루

비염

어물전 진창에도 구린내 한 점 없다

사람이 그리워서 광장을 걸어 봐도

내 가는 어느 곳이든

청결한 바람 분다

퀘벡에서

—이민

펼쳐진 검은 벌판, 휘어진 자유를 본다

꿈을 누리고 싶던 이방인의 이마 위에

황망한 어두운 구름 햇볕도 눈감는다

제국보다 더 무서운 자유가 부른 고독

추위로 그을린 땅 포도밭을 일구었던

그 눈물 풀어내듯이 오월에도 눈 내린다

나이아가라 폭포

오금이 저리다가 정강이뼈 무너진다
오한 든 환자처럼 후들후들 떨려온다
저 폭군 물부림 앞에
버틸 수가 없구나

저기 저 물기둥이 내지르는 소릴 보라
부활의 함의(含意) 같은, 눈감은 비의(秘意) 같은
물보라 연한 속살을
신인들 헤아릴까

내리치는 천둥보다 아뜩한 소리 무덤
벌어진 입술 사이 흐르는 감탄사만
언어여, 넋 나간 시여
숙인 고개를 들라

링컨 기념관

늘 푸른 이마를 보네 바람난 수염을 보네

머리털 하나까지 깃들었던 맑은 영혼

새로운 물길을 트고

온 누리를 적셨네

저 손에 묻힌 피가 저 등에 흘린 땀이

스미고 맺혀 있는 이 뜨거운 광장에서

국민의, 국민에 의한,

국민을 위한 그를 보네

계림

보고 또 보다가 눈이 아파 못 뜨겠네
감으면 그냥 천당 곳곳이 선경(仙境)이라
수삼 년 둘러보다가 몸 눕혀도 좋겠네

상공산(相公山)*

울 삼아 불러 세운 깎아지른 봉우리들
구름문 달아 걸고 배산임수 젖었다가
흰머리 검어질 때쯤 이 산방 나서려네

* 계림 최고의 명산.

복파산(伏波山)*

해자처럼 성곽처럼
이강(漓江)이
휘어 돌고

계수나무
꽃향기가
온 산을 받들었다

운무는
허리를 안고
눈을 감지
말라 한다

* 계림의 이강(漓江) 강변에 있는 봉우리로 절반은 물에 잠기고, 절반은 육지에 연결된 산.

도리원(桃李園)*

눈 아픈 세속 일들 잠시 접었느니
꿈꾸듯 건너가는 눈부신 복사꽃밭
여기서 그냥 멈추면 신선이 될 것 같네

---

*계림의 무릉도원이라 불리는 곳.

양강사호(兩江四湖)*

왕정공 읊었다는 '桂林山水 甲天下'
양강을 가로질러 사호를 누볐느니,
도화강, 이강을 보다 넋을 둔 채 그냥 왔네

---

*계림에 있는 도화강, 이강, 삼호, 용호를 말한다.

양삭*

포클레인 삽날에 물려 무너지고 있었다

달러의 위력 앞에 산허리도 부서지고

휘도는 역류의 물결 이강이 요동쳤다

역사를 뒤흔들며 밀려드는 검은 바람

산보다 더 높은 불야성 주점에서

나그네 할 말을 잃고 눈을 감아버렸다

---

* 계림에 있는 현.

잘츠카머구트* 호수

모차르트 초콜릿을 한입 베어 물고

그의 외가 앞에서 셔터를 눌렀다

하늘빛 푸른 호수와

백조를 배경으로,

맑은 물 휘어잡는 선홍색 오리발에

붕대처럼 감겨드는 말간 구름 몇 점,

풀어본 내 삶의 무게

새순처럼 시리다

---

*볼프강 호수 가운데 하나로 모차르트의 외가가 있다.

진주조개와 시인

함부로 생살을 갈라 덧나고 아린 시간
치유의 분비물로 고난의 늪을 건넌

눈부신 진주를 보네

진주조개 시를 썼네

말의 집을 짓고 이미지 옷을 입혀
맑은 손끝으로 서정 건반 두드리는
시인도 진주조개처럼
아픔으로 시를 빚네

흐르는 빛과 그늘 남모를 삶의 안쪽
모난 그림자도 결 삭혀 추스르는

시인은 진줏빛 시로

가슴앓이 하고 있네

조탁(彫琢)

설태(舌苔) 낀 혓바닥을 조탁하듯 닦아낸다

휘둘러 못 박히고 구부려 헐은 자국

어두운 밑뿌리에도

부신 빛 들 때까지

머리를 조아리던 먼 천년 어느 왕조

흰 피로 덮은 하늘, 그 하늘 빛살같이

길 위에 남기고 싶은

몇 마디 말을 위해

해설

화살이 날아간 자리, 꽂힌 자리

김태경(시조시인·문학평론가)

1. 생활세계를 이끄는 심도 있는 통찰

김연동 시인의 창작 행위가 시조 시단에 커다란 디딤돌 역할을 했다는 사실은 모두가 아는 사실이다. 그가 남긴 행보는 뒤를 잇는 시인들에게 다양한 방식으로 귀감이 되고 있다. 오랜 시간 지속해온 고독한 창작과 그가 타진해왔던 시론, 그 밖에 시조시인으로서 보여준 문학적 활동 등, 시조에 대해 일관되고 균형 잡힌 걸음을 옮기며 비범한 능력을 관철한 것이다. 그런 그가 새로운 시집을 세상에 내놓았다. 시인으로서 이름을 올린 지 30년을 넘긴 김연동 시인의 이번 시집은 우리에게 어떤 선물일까.

폐부를 찌르는 감동과/여운의 깃발을 들고/푸른 초원을 달리고 싶었지만/반전 없는 결실로/우울한 날이 많다.//날이 저문다./바람에 흔들리는 황혼이/이마에 걸렸다.//과녁에 꽂혀 바르르 떠는/몇 개의 화살…….

—「작가의 말」 중에서

가슴 벅차게 만들어줄 감동과 여운으로 생활세계를 채우는 것은 누구나 꿈꾸는 이상이다. 그러나 현실에서 우리를 기쁨으로 놀라게 할 만한 '반전'은 쉽게 생기지 않는다. 김연동 시인은 구동하지 않는 이상과 현실의 이분법 사이에서, 삐걱거림보다는 차분한 어조로 점잖게 삶과 세상을 이야기한다. 상식과 통념의 세계 속에서, 단순한 기교를 뛰어넘는 통찰의 눈과 섬세한 감각을 통해 삶의 철학을 드러내는 것이다. 그러한 방식은 그의 시조가 추구하는 지향점이며 변하지 않는 시론이기도 하다. "바람에 흔들리는 황혼이 이마에 걸"려 있는 지금, 그가 과녁을 향해 쏜 화살이 날아간 자리는 어떤 흔적을 남기고 있으며, 화살이 꽂혀 있는 자리는 어디쯤인지 몇몇 새로운 시편을 통해 확인해보자.

바람이 일 때마다 파도로 받아넘기고

강물도 실개천도 소리 죽여 품어주는

저 바다 맨 처음 몸짓 그대로일 뿐이네

시린 가슴 위에 물새 안아 추스르며

사랑의 다리 되다가 비정의 표정 짓다가,

서늘히 출렁거리는 아직도 그 짓이네

—「바다」 전문

「바다」는 모종의 알 수 없는 힘으로 고개를 끄덕이게 만든다. 그것은 바다가 지니고 있는 자연적 속성을, 시인이 지닌 심도 있는 통찰로 읽어내어 삶에 대한 인식으로 귀결시키기 때문일 것이다. '바람'이 일면 '파도'로 응답하고, 때로는 더 여리고 작은 '강물'이나 '실개천', '물새'도 보듬어 안는다. 그렇게 "사랑의 다리"도 되고, "비정의 표정"을 짓기도 하면서 여전히 출렁거리는 바다는 늘 한결같은 모습을 지닌다. 바다는 김연동 시인이 걸어온 삶의 발걸음과 방향성을 담고 있다. 그것은 시련을 유연함으로 이겨내고, 세상의 온갖 생명을 애정과 연민으로 품는 양상으로 표출된다. 이러한 바다의 깊이와 넉넉함을 생활세계에 접목하여 드러내는 것이다.

"햇살에 여물다가 해풍과 헝클리고/부딪치고 깨어지며 서릿발로 일어서는/질펀한 생명의 제의/쓸쓸한 신앙"(「염전」)과도 같은 삶의 현장에서, 김연동 시인은 한 가닥 꿈을 담아

활시위를 당긴다. 그 시선은 작고 여린 꽃으로 향한다.

여리고 작은 꽃이 시위하듯 피고 있다

흐린 하늘 한 모서리 깨끗이 닦고 싶어

궐기한 사람들처럼

무리 지어 피나 보다

저만치 비켜서서 혼자서 피는 꽃도

먼 듯 가까운 듯 저 꽃 속 꽃이 되어

서로가 젖어 우는 날

꿈꾸고 있나 보다

―「앉은뱅이꽃」 전문

시인의 통찰력은 개성적인 목소리를 낳게 하는 원천이 되며, 대상은 가치의 특수성을 지닌 채로 재탄생한다. 또 시인이 구현하는 상상의 힘은 자연물에 의탁하여 더욱 견고한 생활세계를 위한 언어를 운용하도록 이끈다. 김연동 시인의 시선이 닿은 객관적 상관물은 앉은뱅이꽃이다. 그가 목격한 앉은뱅이꽃은 "시위하듯 피"어 있다. 그것은 마치 "흐린 하늘 한 모서리"를 "깨끗이 닦고 싶어 궐기한 사람들처럼 무리 지어 피"어 있다. 이런 상상의 힘은 공생의 세계에 입사하여 은은한 감동을 선물한다. "저만치 비켜서서 혼자서 피는 꽃"이, 무리 지어 있는 작은 꽃들과 함께 "서로가 젖어 우는" 모습은, 공감과 이해를 바탕으로 한다. 그리고 이들이 모두 함께 '꿈'을 꾼다는 착상은 서로가 위치한 영역의 교집합을 지향하여 각자의 담을 허무는 느낌을 준다. 함께 웃는 일은 어렵지 않다. 그러나 함께 우는 것은 서로가 깊은 신뢰를 갖고 있지 않으면 쉽지 않은 일이다.

앉은뱅이꽃은 비를 맞고 있다. 그래서 꽃들은 젖은 상태로 모여 있고, 하늘은 흐리다. 이 작은 꽃들에게 비는 외부에서 오는 어떤 힘일 수 있다. 이 힘은 하늘을 흐리게 만드는 부정적 권력이라는 추측이 가능하다. 그러나 흐린 하늘을 깨끗하게 만들고 싶은 꽃들은 궐기하듯, 시위하듯 무리 지어 고개를 든다. 그리고 함께 꿈꾼다. 자연물을 통찰하여, 그 이면의 의미를 생활세계로 끌어내는 김연동 시인의 언어운용 작업을 바탕으로, 앉은뱅이꽃은 새로운 존재감을 나타내게 된다. 앉은뱅이꽃은 그가 낳은 '민초'의 상징인 것이다. 우리는 이 작품을 통해 앉은뱅이꽃을 바라보는 시인의 애틋한 시선과

관심을 읽어낼 수 있다.

보듬어 안음과 이해라는 시선은 생활세계에서 가장 근접한 가족에게로도 향한다.

> 어두운 길에 선 듯 문득 소름 돋는
> 오래된 유골과의 소슬한 재회였다
> 잊힌 듯, 잊히지 않는
> 핏줄 붉은 아버지
>
> 꿈에서도 아리다던 식민의 못 자국이,
> 모서리 닳아버린 조국이란 조약돌이
> 드리운 그늘의 시간
> 유품인가 당신은
>
> 생전의 정신처럼 더없이 맑은 하늘
> 구천(九泉)이 거기 있어 영혼이 머문다면
> 앞섶에 물망장(勿忘章) 구절
> 새겨주고 가시리라
>
> 귀를 기울여도 이명만 일어날 뿐,
>
> 삶과 죽음의 경계 눈을 열고 오는 소리

서늘한 낙엽이 한 장

경전으로 내린다

—「한 장 경전(經典)」 전문

위 인용 시에는 "같은 땅, 같은 나라임에도 국명이 세 번이나 바뀐 기막힌 시대를 살다 가신 아버지, 그 선친의 유골을 수습하여 이장하였다. 뼈와 영혼과의 소슬한 만남이었다"라는 각주가 달려 있다. 「한 장 경전」은 아버지의 산소를 이장하면서 느낀 소회를 진솔하게 풀어낸 작품인 것이다. 화자의 기억에 잊히지 않는 아버지는, 기억 속에 여전히 살아계신 "핏줄 붉은 아버지"이다. 살아생전 말씀하셨던 생의 아픔이 한반도의 역사와 맞물려 아련한 슬픔을 자아낸다. "식민의 못 자국"과 "모서리 닳아버린 조국"을 모두 감내하셔야 했던 아버지의 기막힌 생애. 지금은 "서늘한 낙엽"으로 내려 '한 장 경전'처럼 자연 속으로 회귀하였다.

'낙엽'이라는 자연물을 통해, 아버지의 생애에 녹아 있는 아픔을 끌어낸 시인은, "함부로/말할 수 없는//시든 꽃/우리 엄마"(「시든 꽃」)의 사랑을 깨닫고, "철부지 그 상머리 부끄러움 아직 남아//목구멍 걸린 갈치 뼈/이리 오래 아리"(「갈치」)는 마음을 노래하기도 하며, "낙엽만 떨어져도 쓸쓸함이 몰려오고/바람이 앞장서는 현관을 들어서면/우르르 달려 나와서//안길 것만 같"(「슬하(膝下)」)은 자식에 대한 애정을 드러내기도 한다. 언어에 의존하며 사는 시인은 언어의 힘을 긍정한다. 앞서 살펴본 것처럼, 김연동 시인이 주목하는 대상은 그만의 은은한 사유와 깊이 있는 통찰을 거쳐 생활세계의 철학을 담은 새로운 언어로 탄생하게 된다. 그의 언어가 잉태하는 의미는 일상적인 존재를 부표 위로 떠오르게 하여 관심의 대상으로 전복한다. 그 존재들은 시인의 생활세계를 이루어 그의 주변에 놓이며, 성좌에 반짝이는 별과 같은 지표로 승화하게 된다.

2. 아픔의 길, 쓸쓸함의 길, 그리고 시조

아픔과 우울, 쓸쓸함이 없는 시조 쓰기가 가능한가. 그리고 그러한 삶이 실재할 수 있을까. 시인은 내면세계에 얽혀 있는 파동을 미적인 언어로 현현한다. 그 과정에 부정적인 정서도 시조 안으로 불려 나와 섬세한 이미지와 애상적인 어조로 환원된다. 김연동 시인의 신작시집 『낙관』에는 아픔과 쓸쓸함의 정서가 자주 묻어나고 있다. 바르르 떨고 있는 또 하나의 화살이다. 그러나 그의 시조에는 아픔과 쓸쓸함을 토로하는 행위를 넘어, 아픔과 쓸쓸함에 대해 물음을 던지고 답을 찾아가는 사유의 진행이 고스란히 담겨 있다. 이는 아픔의 현실과 시조를 봉합하려는 고된 작업이며, 견딤과 인고의 의지를 다지는 것으로 이어진다.

아래의 인용 시는 무형의 아픔과 상처를 '바람꽃'을 통해 형상화하고, 이를 이겨내려는 화자의 적극적인 의지로 드러난다.

> 1
>
> 바람이 부는 언덕 허기 같은 꽃이 피네 서풍에 흔들리고 동풍에 휘둘리다 터지고 덧난 상처를 누가 울어 치유할까
>
> 더운 피 어린 꿈도 안고 가야 하는 시간, 금이 간 가슴 위에 아픔만 더해지고 믿음이 눈감은 거리 미움으로 끓고 있네
>
> 2
>
> 굵은 회오리가 질정 없이 온다 해도 말 없는 풀무질로 시우쇠 녹여내고 벼린 날 담금질하는 바람꽃이 피고 있네
>
> —「바람꽃 언덕」 전문

'바람꽃'은 바람이 많이 부는 곳에서 잘 자란다고 해서 이름이 바람꽃이다. 바람이 많이 불지 않는 장소에서 뿌리를 내리는 꽃도 있을 것이다. 그러나 이 꽃은 끊임없이 "서풍에 흔들리고 동풍에 휘둘리"는 숙명을 지녔다. 이것이 우리네

삶과 다를 게 있을까. 바람에 "터지고 덧난 상처"는 눈물로도 치유할 수 없다. 그래서 "허기 같은 꽃"이다. 탄생부터 그러했다. "믿음이 눈감은 거리 미움으로 끓"는 세상에 나와 "더운 피 어린 꿈"을 지켜가야 했다. 그렇게 기댈 곳이 없는 바람꽃은 스스로 강해지는 수밖에 없다. "굵은 회오리가 질정 없이" 오더라도 묵묵히 자기를 강인하게 만들기 위해 "말 없는 풀무질로 시우쇠 녹여내고" 언제나 "벼린 날 담금질"해야만 했다. 바람꽃은 세상을 살고 있는 인간의 모습과 다를 바 없다.

인용 시는 시간을 견뎌온 시인의 발화이기도 하다. 그것은 "립스틱 속눈썹으로/위장한/길을 돌아"(「거울 앞에서」) 거울 앞에선 자아를 들여다보는 일과 흡사하다. 어긋한 현실과 자아를 시조 속에서 포개려는 노력은 순탄치 않으며, 시인도 충분히 그 사실을 인지하고 있을 것이다. 그러나 달아나지 않고, 아픔의 근원과 맞닥뜨리는 일은 시인에게 시조가 있었기 때문에 가능하다. 시조 안에서 고독을 견디고 미적 언어로 몸을 바꾸는 동안, 시인도 끊임없이 벼린 날을 담금질하였다. 그의 상처와 기억의 시간은 다층적으로 시조 속에 담기게 된다.

> 핏물 얼룩진 자리 산다화 꽃이 진다 가슴 아린 상흔들은 수면 아래 내려놓고 말끔히 지워버린 듯 물빛 저리 푸르다

지리산 자락마다 백운산 골짝마다 허기처럼 일어나던 상잔의 붉은 발톱 아직도 풀지 못하는 물무늬를 짚어본다

칠십 리 강기슭엔 그 아픔도 아문 듯 도란도란 삶의 소리 매화꽃을 피워내고
산수유 노란 꽃들을 속내인 양 받쳐 든다

—「강, 꽃물 들다—섬진강」 전문

산다화 꽃이 내려 섬진강에 꽃물이 들었다. 매우 아름답겠다. 그러나 아름다워서 더 아프다. 꽃이 진 곳은 그야말로 "핏물 얼룩진 자리"이다. 그렇게 "가슴 아린 상흔들은 수면 아래 내려놓고" 우리가 있는 지금—여기의 모습은 언제 그랬냐는 듯 평온해 보인다. 섬진강의 물빛이 전쟁의 상흔을 말끔히 지워버린 것처럼 푸른 것이다. 하지만 우리는 사실, 평온하지 않다. 화자도 그 아픔을 기억한다. "지리산 자락마다" 또 "백운산 골짝마다" 서려 있는 "상잔의 붉은 발톱"을, 분단 후 70년을 향해 가지만 "아직도 풀지 못하는" 한반도의 아픔을 헤아려보는 것이다. 아픔을 기억하는 자는 쓸쓸하다.

김연동 시인은 한국전쟁을 경험한 세대이다. 물론 그 시기에 시인은 유아기를 보냈을 것이다. 그렇지만, 휴전 이후 한반도 곳곳에서 전쟁으로 폐허가 된 주변물과 상처 입은 사람들을 보며 유년 및 청소년기를 지나왔다. 또 완전하진 않지

만, 그 상흔에 새살이 돋아오는 모습도 지켜봐왔다. 그런 그가 이제 다시 바라본 섬진강은 “도란도란 삶의 소리”를 내면서 “매화꽃을 피워내고 산수유 노란 꽃들”을 받쳐 들며 섬진강 본연의 깊고 애잔한 아름다움을 드러내고 있다. 시인도 섬진강도 긴 시간을 견뎌왔다. 바쁘게 제자리를 찾아간 것들은 그 자리에서 일상을 지내고 있다. 하지만 1950년 그 어느 날이라는 과거에 시간이 멈추어버린 채, 지금까지 방치된 것들도 있다. 인용 시는 아픔이 아문 듯, 물빛이 푸른 섬진강을 말하고 있지만, 전쟁과 분단의 현실을 말하면서 과거의 방치된 아픔을 드러내고 화자의 쓸쓸한 정서를 표현한다.

이번 시집에는 외국의 여행지에 대한 다수의 시편이 있다. 물론 그 여행지의 아름다움과 서정을 드러내기도 하지만, 순간과 순간, 필연의 아픔을 토해낸 작품들이 눈에 띈다. 가령, 「강, 꽃물 들다—섬진강」처럼 전쟁의 상처를 드러내는 「두나강」이 그러하다. 그는 “겔레르뜨 언덕 아래 몰려드는 이방인들/자유의 다리 위에/넋 놓은 어깨 위로/평화에 낙관을 치듯//비둘기가 돌다” 가는 것을 바라보며 유람선에 오르지만 “내 안에 철망을 두른/임진강이 아프구나”(「두나강」)라고 토로한다. 김연동 시인에게 전쟁의 상흔은 내면세계에 깊게 흐르고 있으며, 그 아픔은 언제 어디서든 표면으로 드러나는 외로운 호소가 될 수 있는 것이다. 이러한 시적 진술은 우리 역사에서 한국전쟁만큼 아픈 일제강점기의 상처에도 적용

된다.

나는 어찌하여 저 참혹한 죽음 앞에서

서대문 형무소의 피 묻은 백의를 보나

이민족 주검을 베던

일본도 날빛을 보나

유대인 심장을 찔러 피로 물들였던

주머니 속 송곳 같던 이 지상 이웃 앞에

민들레 하얀 민들레

화해하듯 피어 있다

—「아우슈비츠」 전문

아우슈비츠를 방문한 화자는 그곳에서 있었던 "참혹한 죽음 앞에서" 우리의 상처를 떠올린다. "이민족 주검을 베던" 것은 독일이나 일본이나 마찬가지였다. 하지만 종전 후, 독일과 일본은 같은 허물을 가지고 있음에도 서로 다른 태도를 보였다. 우리는 1970년 12월 폴란드를 방문한 서독의 빌리 브란트 총리가 바르샤바의 유태인 저항 기념비에 헌화하면서 무릎을 꿇은 모습을 기억한다. 그는 평생 사회주의자로 살면서, 나치에 저항한 레지스탕스였다. 독일에 빚진 것 없는 빌리 브란트가 무릎을 꿇을 정도로 사과할 일은 아니었지만, 조국인 독일을 대신해 무릎을 꿇고 사과했다. 헌화만으로 사과가 되지 않는다는 판단을 했을 것이다. 이렇게 진정한 마음이 바탕이 된 진정한 사과는 역사를 바꾼다.

그러나 일본은 현재까지도 진정성이 깃든 사과 없이 과거를 왜곡하고 있다. 김연동 시인은 이런 배경을 모두 말하지 않지만, "화해"라는 말로 뼈아프게 지적하고 있다. 순수하고 순결한 "하얀 민들레"가 "화해하듯 피어 있다"고 시상을 종결한 것 이면에는, 타자의 사례와 같이 우리도 진심 섞인 순수하고 순결한 화해가 이루어지길 바라는 바람이 내포되어 있는 것이다.

김연동 시인은 아픔의 길, 쓸쓸함의 길을 돌아가지 않는다. 그 길을 화살처럼 직진하며 묵묵히 걷고, 진솔하게 고백한다. 시조는 무언가 군말을 덧붙이는 것을 피한다. 김연동 시인은 경건한 대상 앞에서는 군말이 별반 소용없다는 사실을 견지하고 창작 행위를 통해 실현한다. '내'가 살아가고 있는 삶의 길에서, '나'에게만 머물러 있지 않는 시선은 '네'게

로도 이어질 수 있다. 그렇게 의미가 확장되어 생의 원형적 아픔과 그 파장을 담담히 형상화한다. 또 '내'가 존재하게 된 시간과 '내'가 살아왔던 시간이 역사와 맞물려서, '네' 속에서 몸을 감춘 채, 민족의 근원적인 눈물로 흐르고 있다는 사실을 지적한다. 그의 시조는 전혀 경박스럽지 않고 점잖지만, 아프며 쓸쓸하다. 내면에 범람하는 말들의 잉여를 차분하게 가지 치며, 그가 시조와 함께 영혼을 추스르는 방식이 반영된 것이리라.

3. 광장에서 진실 말하기

시가 특정한 대상을 향해 쏜 화살과 같다면, 이때 시는 그 대상에 따라 각기 다른 기능을 갖게 된다. 대상이 사회윤리와 현실인식에 위치해 있을 때 시의 효용적 가치는 증대되며, 시가 무엇을 할 수 있고 무엇을 해야 하는가라는 질문에 힘이 실리게 된다. 시조는 전통적으로 국가—현실—시인의 균열을 노래하는 데 적극적이었다. 봉합되지 않는 삼각 구도가 형성하고 있는 불화의 감각은, 현대시조에도 어김없이 출현한다. 그것이 '개연적 희망'을 지향한다면 조금 더 진실하게 자주, 때로는 '앉은뱅이꽃'처럼 손에 손을 잡고 나타나도 괜찮겠다.

김연동 시인은 국가―현실의 무능함과 무기력을 형상화하는 시편들을 다수 생산하고 있다. 작품 속 화자는 체념과 비판을 아우르고 있지만, 이는 '기대를 잃어버림'을 지향하는 것이 아니고, 반대로 '개연적 희망'을 꿈꾸기 위하여 광장에서 진실을 말한다. 희망이 이루어지지 않았기 때문에 그는 희망을 꿈꾼다. 그가 꿈꾸는 희망이 '현실에서 실현 가능한가'라고 묻는다면 이는 다소 힘 빠지는 질문이 되겠다. 국가―현실―시인의 삼각 구도에서 순도 높은 희망의 실현이란 불가능하기 때문이다. 그래서 '개연적'이라고 수식한다. 그래도 한 번쯤은 살아보고 싶은, 실현이 가능할 듯한, 꿈을 꿔도 될 법한 희망. 이것이 이번 시집 『낙관』에서 날아가고 있는 또 하나의 화살이다. 김연동 시인이 쏜 화살이 국가―현실―시인의 삼각 구도에서 어떻게 횡단하고 있는지 '불신'에 대한 이야기로부터 시작하자.

등 꺼진 한숨 소리 거품으로 떠오른다

물풀의 초록 미소 뜨다가 갈앉다가

바람이 바람을 밀어

피다 만 꽃이 진다.

가시연 부레옥잠 꽃눈 트는 시간에도

눈 멀건 장님 되어 수렁으로 가는 맨발

용케도 추슬러 온 불신

꽃씨처럼 여문다.

—「늪과 바람」 전문

바람이 바람을 미는 거친 환경에서 "물풀"은 초록 싹을 틔울 수 없고, "가시연 부레옥잠"은 꽃눈을 트지 못해 "눈 멀건 장님"이 되었다. 그리고 "등 꺼진 한숨 소리"만 거품처럼 떠오른다. 이런 상황 속에서 역설적이게도 '불신'만이 "꽃씨처럼" 여물고 있다. 대체 이곳은 어디인가. 시인은 우리가 살고 있는 이 사회와 세상을 마치 '늪'과 같다고 은유한다. 인용 시가 이토록 비판적인데도 불구하고 화자의 어조에 힘이 들어가지 않는 것은 김연동 시인의 시력(詩歷) 덕분일 것이다. 그가 만들어낸 냉소 속에는, 서슬 퍼런 비판이 더욱 강하게 부조된다. 인용 시의 "물풀"과 "가시연 부레옥잠"은 미처 자라보지도 못한 채, 가라앉거나 장님이 되었다. 마땅히 자라야 할 존재가 죽어가고, 자라지 말아야 할 '불신'이 잉태된 것이다. 이쯤 되면 「늪과 바람」을 통해 특별한 사건을 떠올릴 수 있다.

화면 속 기울어지는 세월호를 보았다 등용문 쳐다보며 문경새재 건넌 그날 생명 끈 놓쳐버리고 모로 눕는 팽목항을,

감감한 수면 아래 차가운 파도 위에 목숨줄 감아쥐고 쥐어짜던 초침 소리 전신을 옥죄어 와도 눈만 깜빡거렸을 뿐,

유민이가 남기고 간 물 젖은 지폐 몇 장 그 눈물 닦아내면 아픔도 지워질까 가슴에 음각한 어둠 누구라 불 밝힐까

—「흔적」 전문

모두가 보았다. "화면 속 기울어지는 세월호"를. 그리고 속수무책으로 어두워지는 하늘을 바라보며 발을 동동 굴렀다. 그 후 세월호 참사는 국민적 트라우마가 되었다. 무형의 국가는 이 사건을 계기로 다시 한 번 '구체적 대상'이 되었으며, 사람들은 그 '구체적 대상'의 존재 이유와 역할을 물었다. 국가—현실—나의 삼각 구도가 개개인의 마음속에 그려지기 시작했고, 이는 몇 개의 다른 형상으로 집결하였다. 누군가는 '나'를 영원히 '나'로 가두어 세월호 참사를 뱃길 위의 교통사고로 치부하기도 하였고, 또 누군가는 '나'를 '너/우리'로 의미영역을 넓혀, 사건이 벌어지던 그 시각 희미했던 중

앙정부의 행적을 묻기도 하였다.

김연동 시인은 「흔적」에서 마땅히 말할 것들에 대해서 말한다. 1수에서는 "생명 끈 놓쳐버리고 모로 눕는" 세월호의 형상을 제시하고, 2수에서는 기울어 가는 세월호의 내부로 들어가 "눈만 깜빡거렸을" 아이들의 모습을 그렸다. 3수에서는 "유민이가 남기고 간 물 젖은 지폐 몇 장"을 통해 눈물과 아픔에 대해 말한다. 그리고 "가슴에 음각한 어둠"을 위해 누가 "불 밝힐까"라는 물음표를 던진다. 그 질문에 대한 답이 광장의 촛불로 이어졌으리라.

요컨대 세월호 참사는 국가와 위정자에 대한 '불신'으로 이어진 분명한 사건이 되었다. 이에 시인은 아픔의 흔적들에 공감하는 데 그치지 않고, 다시 한 번 냉소와 비판의 화살을 쏘아 올린다. 그것은 불신을 키운 '구체적 대상'에 가닿는다.

동전 지전 다 긁어 정성으로 배를 모아 깃발을 높이 달고 먼 바닷길 올랐지만
제 잘난 사공이 많아 이물이 요동친다

결신 든 잡귀같이 목구멍만 챙기는 이 시도 때도 없이 대장질에 목숨 건 자 한 치 앞 보지 못하고 분간 없이 설쳐댄다

살 에는 거친 바람, 삼킬 듯한 너울 앞에 번번이 키를

놓친 고독한 선장님은 웃자란 불신의 빙벽 손 놓고 계시는지

다 닳은 손발톱 밑 피로 튼 이 항해길 선체가 가랑잎처럼 흔들리고 있나니 기막힌 이 한 고비를 누가 있어 풀어갈까

—「출항」 전문

위 작품에는 위정자에 대한 비판이 우회적으로 드러나고 있다. 먼저 "살 에는 거친 바람, 삼킬 듯한 너울 앞에"서 방향을 잃고 "번번이 키를 놓친 고독한 선장"이, "웃자란 불신의 빙벽" 앞에서 손을 놓은 채로 무능하게 있는 모습을 지적한다. 그리고 이 선장 주변에는 "제 잘난 사공"이 많아서 "이물"을 요동치게 만드는데, 특히, "걸신 든 잡귀같이 목구멍만 챙기"면서 "시도 때도 없이 대장질"하는 사공 아닌 사공이 설쳐대는 모습을 비판한다.

인용 시에서 "사공"은 무능한 지도자와 그 옆에서 제 이익을 챙기는 부조리한 인물들을 비유한다. 그리고 "선체"는 국가와 사회를 의미한다고 읽을 수 있다. 시조를 통해 '불신'의 원인을 제공하게 된 계기를 보여주는 것이다. 이내 김연동 시인은 묻는다. 항해하는 "선체가 가랑잎처럼 흔들리"고 있는데, 제 역할을 하는 선장이 없는 상태에서 이 고비를 누가 풀어 갈 것인지를. 이런 의구심을 마지막 수에서 의문형으로

종결한다. 이 질문이 주는 메시지는 곧 광장으로 전달된다.

첼로의 저음처럼 흰 눈이 내려온다

어린 별 손을 모은 광화문 광장 위에

끓는 피 냉엄한 불빛 하나로 엮고 있다

어둠을 태우려고 어둠을 켜든 촛불

내 안과 바깥 소리 지면에 풀어놓고

설레는 포도 위 맨발 마중물이 되고 있다

낙엽처럼 흩어지던 차가운 이마들을

눈으로 덮어주는 기막힌 희망들이

누구도 흔들 수 없는 큰 바다로 가고 있다

—「서설(瑞雪)」 전문

강둑이 무너진 듯 밀려오는 저 불길,
순백의 몸짓으로 걷은 팔 내지르며

불신을 태우는 밤은 그 누구 연출일까

무거운 신발 끌고 길을 나선 한숨 소리
굽 높은 해일이 되어 광장으로 몰려와도
저 청동 녹 슬은 매듭 풀릴 기미 없나니

시린 손 마주잡은 촛불을 갈채 삼아
등을 두드리고 눈물 자국 닦아주는
속 비운 대숲이 되어 일어서고 있구나

—「갈채(喝采)」 전문

국가—현실의 무능함과 무기력은 불신을 타고 "어둠을 태우려고 어둠을 커든 촛불"로 변하였다. 김연동 시인은 "어린 별 손을 모은 광화문 광장" 위에 서서, "눈으로 덮어주는 기막힌 희망들이//누구도 흔들 수 없는 큰 바다로 가고 있"는 것을 목격한다. '촛불'은 세계적으로도 새로운 성격의 혁명이었다. 질서정연하고 평화적이었으며, 다양하고 창의적인 이벤트들이 함께했다. 또한 광장은 특정 권력을 퇴진시키기 위한 단순한 싸움의 현장이 아니었다. 그곳은 '국가—현실—나'에서 벗어나 '국가—현실—우리'에 대해 지속적으로 물음을 던지는 공동의 장이었다. 광장에서 사람들은 '우리 자신'을 물었으며, 국가가 말했던 민주주의와 현실 속 민주주의의 간극에 대해 끊임없이 고민했다. 그리고 김연동 시인은 국가—현실—시인의 삼각 구도 안에서 이러한 과정을 모두 지켜보며, 이를 거침없이 시화(詩化)한다.

김연동 시인은 4·19 혁명, 5·18 광주민주화운동 등과 같은 이 나라의 굵직한 역사적 사건을 지켜본 세대이다. 그런 그에게 '촛불'은 어떤 느낌이었을까. 시인의 눈에 비친 "시린 손 마주잡은 촛불"은 마치 "갈채"와도 같은 것이었으리라. 그는 광장의 촛불을 두고 "불신을 태우는 밤"에 "등을 두드리고 눈물 자국 닦아주는/속 비운 대숲이 되어 일어서고 있"다고 말한다. 김연동 시인은 광장의 촛불을 보며, "가슴은/꽃밭이 되어/은유의/별밭 되리"(「희망」)라는 '개연적 희망'을 품었던 것이다. 그는 광장에서 진실을 말하기 위한 수행적 소통과 열성적 싸움을 시인의 위치에서 시조와 함께하고 있다. 이것은 김연동 시인이 희망을 향해 쏘아올린 "순백의 몸짓"이다.

4. 서슬 푸른 보검의 운동성

시인은 시조 안에서 내면세계를 가시화하여 소통의 창구를 열어놓지만, 반대로 시조 안에 보금자리를 틀고 그 속에 갇혀 있기도 한다. 그리고 이런 역설적 상황을 치열하고 깊이 있는 사유를 거쳐서 신중한 언어를 선택하는 것으로 극복한다. 응당 이름 뒤에 책임이 따라오기 마련이며, 시인은 이를 감내해야만 한다. 모두에 언급한 대로 일상에 반전이 일어나지 않고, 번뜩이는 상상력도 율동하지 않을 때, 시인은 벽을 보게 된다. 마땅히 시조 안에서 리듬을 타야 할 시인이 굳어진 채 자기 안에 사로잡히는 것이다. 그러면 시인은 자아라는 보이지 않는 공간에서 치열한 몸짓으로 뒹굴어야 한다. 이것이 비극의 몸짓이 될지, 성찰이라는 열쇠로 오밀조밀하게 채워져 갈지는 시인이 직면한 내적 세계에 따라 달라질 것이다. 『낙관』에서 김연동 시인은 어떤 벽 앞에 섰을까. 그리고 그것을 어떻게 극복하고 있을까. 여기 "과녁에 꽂혀 바르르 떠는/몇 개의 화살"을 안내한다.

설태(舌苔) 낀 혓바닥을 조탁하듯 닦아낸다

휘둘러 못 박히고 구부려 헐은 자국

어두운 밑뿌리에도

부신 빛 들 때까지

머리를 조아리던 먼 천 년 어느 왕조

흰 피로 덮은 하늘, 그 하늘 빛살같이

길 위에 남기고 싶은

몇 마디 말을 위해

—「조탁(彫琢)」 전문

시조는 말을 아끼는 장르이다. "길 위에 남기고 싶은//몇 마디 말을 위해" 시인은 "설태 낀 혓바닥"을 닦아내는 행위를 반복한다. 시조를 창작하는 작업은 일상어를 가지고 가장 참신한 표현과 이미지로 다듬는 조탁 행위와 같다. "골백번 넘어지고 뭉개져도 일어서던/부침의 아린 날 안고 갈 내일 위해/깨끗한 손을 맞잡고/밑그림을 치는"(「낙관」) 고독한 일인 것이다. 그러므로 설태가 낀 것처럼 늘 같은 말이 흘러나오거나, '반전' 없는 날들이 반복되면 시인은 불안할 수밖에 없다. 김연동 시인은 "풀어낼/향기도 없이/마냥 낡아 가나 보다"(「낡아 가는 길」)라는 생각이 들 때, "눈썹에 묻은 노을을 손등으로 닦아"(「한일(閑日)」)내며 내면세계의 고민을 시조 속에 풀어놓게 된다.

회색 끄나풀에 결박당한 그날부터

저승 문 앞에 선 듯 아린 시간 걸어왔네

골목길 먹이를 좇아

쿵쿵대는 짐승처럼,

그 아픔 딛고 서는 눈물이 진주던가

시든 푸성귀처럼 풀죽은 손끝이지만

신전에 꽃을 드리듯

눈물 바쳐 올리련다

—「신전」 전문

"회색 끄나풀에 결박당한 그날부터" 심연의 속내는 경직되거나 조급해질 수 있다. 그렇게 "저승 문 앞에 선 듯" 시인이 걸어가는 남은 시간 동안에도 가슴과 손끝이 아릴 것이다. 하지만 김연동 시인은 "살아온 길보다도 굴곡진 남은 길에/두려움 씻어내듯이/안경알을 닦"(「원시(遠視)」)으며, 그 아픔도 딛고 선다. 이때 남모르게 흐르는 "눈물"은 아름다운 정형의 "진주"가 된다. "시든 푸성귀처럼 풀죽은 손끝"에서 나오는 이 말들을, 눈물이 응고되어 반짝이는 진주를, 그는 오늘도 겸허하게 "신전에 꽃을 드리듯/눈물 바쳐 올"리고 있다. 이렇게 오랜 시간의 조탁과 눈물의 작업을 마치면 한 편의

"진주조개 시"가 탄생한다.

함부로 생살을 갈라 덧나고 아린 시간
치유의 분비물로 고난의 늪을 건넌

눈부신 진주를 보네

진주조개 시를 썼네

말의 집을 짓고 이미지 옷을 입혀
맑은 손끝으로 서정 건반 두드리는
시인도 진주조개처럼
아픔으로 시를 빚네

흐르는 빛과 그늘 남모를 삶의 안쪽
모난 그림자도 결 삭혀 추스르는

시인은 진줏빛 시로

가슴앓이 하고 있네

—「진주조개와 시인」 전문

시인이라면 "함부로 생살을 갈라 덧나고 아"리는 고통을 지불해야만 할 것이다. 그렇다고 해서 모든 작품들이 "진줏빛 시"가 되는 것은 아니다. 연륜이나 경력과 무관하게 시인의 작품은 계속해서 실패를 경험한다. 무수히 많은 실패의 과정 속에서 "치유의 분비물로 고난의 늪을 건넌" 몇 편의 작품만이 "눈부신 진주"가 된다. 이는 시인이 "풀죽은 손끝"이 "맑은 손끝"이 되도록 "말의 집을 짓고 이미지 옷을 입"히며, "서정 건반"을 두드렸기에 가능한 일이었다. 시인은 "남모를 삶의 안쪽/모난 그림자"를 여전히 간직한 채로 또 다른 실패를 향해 시상을 떠올리고 시조를 조탁할 것이다. 행간과 행간을 어루만지며 가슴앓이를 시작할 것이다.

시인은 이름 석 자에 뒤따라오는 작품들과 함께 행복을 느낄 수도 있지만, 한없이 더 큰 부끄러움에 휩싸이기도 한다. '나의 이름'을 위해 "해묵은 먼지를 털고/찌든 때를/ 닦아"보고, "바람 들어/금 간 자국/틈새를/메워보지만" 그렇게 해도 결국 채워지지 않는 "가난"(「이름」)과도 같은 것이다. 시인들은 '작품—이름'이라는 또 하나의 유기체를 앞에 두고, 만족—불만족의 이항대립의 세계로 말할 수 있을까. 그저 만족—불만족 사이의 어디쯤을 부유하며 다시 한 번 시상을 담아 짐을 꾸리고 시조 속으로 나아가기를 반복할 뿐이다.

김연동 시인은 자문한다. "내 가난/몇 잎사귀/은 접시에/받쳐 들면//햇살에/여문 생각들/늦은 꽃을 피울까"(「늦은 꽃」). 이렇게 가난한 질문들로 자신을 담금질한 끝에 시인은 오히려 더 강인해졌다. 그는 여전히 질문에 대한 답을 찾지 못했을 것이다. 변함없이 일관되게 '작품—이름'을 담금질하고 있을 것이기 때문이다. 그러나 누군가는 시인을 대신하여 이미 답을 찾았을지도 모른다.

달빛을 베어내고 별빛도 도려내는

한 자루 서슬 푸른 보검을 갖고 싶다

바람에 날을 벼리는

범접 못할

검 한 자루

—「심검」 전문

김연동 시인은 시조와 함께 걸어오면서 겸손하고 점잖으며 차분한 태도를 견지해왔다. 그 길은 외롭고 경건한 여정이었다. 그는 지금도 시조 안에서 자아와 주변을 매만지면서 자기의 풍경을 만들고 있다. 그를 드러내는 모든 특성의 소실점에는 '운동하는 심검'이 있었다. "달빛을 베어내고 별빛도 도려내는//한 자루 서슬 푸른 보검"이다. 또 "바람에 날을 벼리는//범접 못할//검 한 자루"이다. 시인의 내면세계에 가장 깊은 곳에서 그는 검 한 자루를 두고 매일매일 담금질하며 날을 벼리고 있었다. 그래서 그의 시조는 점잖고, 말의 잉여를 만들어내지 않는다. 교만하거나 거만한 마음은 언제든 서슬 푸른 보검에 의해 잘려나갔을 것이다. 심검은 무형의 지향점이지만, 그가 발표한 작품을 바탕으로 점점 세상 밖으로 나오고 있다. 많은 사람들이 그의 '심검'을 기억할 것이다.

이 도서의 국립중앙도서관 출판시도서목록(CIP)은 서지정보유통지원시스템 홈페이지(http://seoji.nl.go.kr)와 국가자료공동목록시스템(http://www.nl.go.kr/kolisnet)에서 이용하실 수 있습니다.(CIP제어번호: CIP2018002267)

시인동네 시인선 086

낙관

ⓒ김연동

초판 1쇄 인쇄 2018년 1월 22일
초판 1쇄 발행 2018년 1월 29일
지은이 김연동
펴낸이 고영
책임편집 서윤후
디자인 헤이존
펴낸곳 문학의전당
출판등록 제2017-000002호
주소 서울시 마포구 마포대로 11길 91, 3층
전화 02-852-1977 팩스 02-852-1978
전자우편 sbpoem@naver.com

ISBN 979-11-5896-356-9 03810